Ouvrage couronné par l'Académie française

PAUL DÉROULÈDE

CHANTS

DU

SOLDAT

Cent-seizième édition

C · L

PARIS
CALMANN LÉVY ÉDITEUR
3, RUE AUBER, 3

1885

CHANTS
DU SOLDAT

Bourloton. — Imprimeries réunies, B.

Ouvrage couronné par l'Académie française

PAUL DÉROULÈDE

CHANTS DU SOLDAT

SOLDAT

Cent-seizième édition

PARIS

CALMANN LÉVY, ÉDITEUR

ANCIENNE MAISON MICHEL LÉVY FRÈRES

3, rue Auber, 3

1885

A CEUX QUI M'ONT APPRIS A AIMER MA PATRIE

A MON PÈRE, A MA MÈRE

PAUL DEROULÈDE.

JANVIER 1872.

I

VIVE LA FRANCE!

I

VIVE LA FRANCE!

———

Oui, France, on t'a vaincue, on t'a réduite même,
Et comme il n'a pas eu pour preuve le succès,
A ton courage encore on jette l'anathème,
Et les Français s'en vont rabaissant les Français.

Que la faute fut grande et cette guerre folle,
Qui le nie? Ils sont là nos désastres d'hier.

Mais qu'au bruit des canons tout un passé s'envole!
Que tout un avenir soit brisé sous ce fer!

Que la France n'ait plus, chez les peuples du monde,
Ni voix dans leurs arrêts ni place à leurs grandeurs!...
C'est une calomnie infâme et si profonde,
Qu'un vaincu qui la dit étonne ses vainqueurs.

Non, France, ne crois pas ceux qui te disent lâche,
Ceux qui voudraient nier ton âme et ses efforts :
Sans gloire et sans bonheur, tes fils ont fait leur tâche,
Mais ils l'ont faite, et Dieu ne compte plus tes morts.

J'ai vu de pauvres gens tomber sans une plainte;
D'autres — je les ai vus — ont combattu joyeux,
Et, pieux chevaliers de cette guerre sainte,
Sont morts, l'amour dans l'âme et le ciel dans les yeux.

Ils ont lutté, n'étant ni l'espoir ni le nombre.
Et sans cesse détruits, et renaissant toujours,
C'est un éclair divin de cette époque sombre,
Que ces martyrs voulant leurs supplices moins courts.

Je les ai vus, marchant les pieds nus sur la neige,
Succomber de fatigue et non de désespoir;
La misère et la faim leur servaient de cortége,
Mais ils marchaient, ayant pour guide le devoir.

J'en ai vu qui, captifs, s'échappaient d'Allemagne,
Revenaient aux dangers à travers les dangers,
Et, sans revoir leurs toits, reprenant la campagne,
Retombaient par deux fois aux mains des étrangers.

Ce n'était pas toujours des soldats, notre armée!
Mais j'ai vu des blessés venir, saignant encor,
Reprendre dans les rangs leur place accoutumée,
Et, luttant tout meurtris, se guérir dans la mort.

J'ai vu des régiments, aux jours de défaillance,
Se porter en avant et se dévouer seuls,
Pour qu'on pût dire au moins, en parlant de la France,
Que ses drapeaux étaient encor de fiers linceuls;

Que nous savions encor mourir, sinon combattre.
Et puis, nous n'avons pas toujours été si bas :

Frœschwiller est l'assaut d'un homme contre quatre
Et de ces assauts-là les Prussiens n'en font pas!

Gravelotte et Borny ne sont pas des défaites;
Les vivants ont vengé les morts de Champigny;
Les gloires de Strasbourg échappent aux conquêtes,
Et Paris affamé n'a jamais défailli!

Oui, Français, c'est un sang vivace que le vôtre!
Les tombes de vos fils sont pleines de héros;
Mais sur le sol sanglant où le vainqueur se vautre,
Tous vos fils, ô Français! ne sont pas aux tombeaux.

Et la revanche doit venir, lente peut-être,
Mais en tout cas fatale, et terrible à coup sûr;
La haine est déjà née, et la force va naître :
C'est au faucheur à voir si le champ n'est pas mûr.

II

LE CLAIRON

II

LE CLAIRON

———

L'air est pur, la route est large,
Le Clairon sonne la charge,
Les Zouaves vont chantant,
Et là-haut sur la colline,
Dans la forêt qui domine,
Le Prussien les attend.

Le Clairon est un vieux brave,
Et lorsque la lutte est grave,
C'est un rude compagnon ;
Il a vu mainte bataille
Et porte plus d'une entaille,
Depuis les pieds jusqu'au front.

C'est lui qui guide la fête.
Jamais sa fière trompette
N'eut un accent plus vainqueur,
Et de son souffle de flamme,
L'espérance vient à l'âme,
Le courage monte au cœur.

On grimpe, on court, on arrive,
Et la fusillade est vive,
Et les Prussiens sont adroits,
Quand enfin le cri se jette :
« En marche ! A la baïonnette ! »
Et l'on entre sous le bois.

A la première décharge,
Le Clairon sonnant la charge,

Tombe frappé sans recours ;
Mais, par un effort suprême,
Menant le combat quand même,
Le Clairon sonne toujours.

Et cependant le sang coule,
Mais sa main, qui le refoule,
Suspend un instant la mort,
Et de sa note affolée
Précipitant la mêlée,   .
Le vieux Clairon sonne encor.

Il est là, couché sur l'herbe,
Dédaignant, blessé superbe,
Tout espoir et tout secours ;
Et sur sa lèvre sanglante,
Gardant sa trompette ardente,
Il sonne, il sonne toujours.

Puis, dans la forêt pressée,
Voyant la charge lancée,
Et les Zouaves bondir,

Alors le Clairon s'arrête,
Sa dernière tâche est faite,
Il achève de mourir.

III

L'ARRIÈRE-GARDE

III

L'ARRIERE-GARDE

—

C'était après un jour de lutte et de défaite,
—Hélas! de pareils jours furent nombreux pour nous! —
L'armée en désarroi commençait la retraite,
Et la neige montait, froide, jusqu'aux genoux.

Les vainqueurs cependant, épuisés de victoire,
Respectaient ce départ par crainte d'un retour

On marchait; le sol blanc rendait la nuit moins noire
Et l'on eut vite atteint les forêts d'alentour.
Soudain, malgré tout ordre et malgré toute crainte,
On vit s'arrêter là cette armée aux abois;
Un tison ralluma bientôt la pipe éteinte,
Et les feux du bivouac illuminaient les bois.
On eût dit une halte au fond d'un cimetière.
La neige parcourue était rouge de sang,
Et, lassés des efforts d'une journée entière,
Tous les soldats mêlés ne cherchaient plus leur rang.
Ils tombaient harassés au hasard de la place,
Devant le premier feu, dans le premier ravin;
Et plus d'un s'endormit ce soir-là sur la glace,
Que ne réveilla pas le jour du lendemain.

O nuit cruelle! nuit pleine de funérailles!
Ce n'était pas assez de luttes, de batailles,
Et du fer et du plomb, ce n'était pas assez!
Quand on était sorti vivant de ces mitrailles,
Le froid prenait au cœur et la faim aux entrailles,
Et l'on crevait, ainsi qu'un chien, dans les fossés.

Or les Prussiens, voyant ces lueurs dans l'espace,
Comprirent qu'ils pouvaient alors continuer,

Que les chefs étaient las ; que l'armée était lasse;
Et, comme des chacals reprennent une trace,
Ils partirent, flairant des blessés à tuer.
La lisière du bois était gardée à peine,
Et le sursaut fut grand, et grandes les clameurs,
Lorsque sur le chemin la colonne prussienne
Déboucha, tiraillant gaîment sur les dormeurs.

« Ah! trahison! » Ce fut le cri de la déroute,
Mais un vieil officier — un Français celui-là —
Rallia les fuyards au milieu de la route,
Fit éteindre les feux sous la neige, et resta.
Alors, sous le ciel noir et sur la terre sombre,
La lutte commença, — lutte d'agonisant! —
Les fusils jetaient seuls leurs éclairs dans cette ombre,
Et les branches du bois sifflaient en se brisant.
De longs cris dominaient la mêlée incertaine :
« König und Vaterland! » chantaient les Prussiens,
« Pour la France! » avait dit notre vieux capitaine,
Et répétant ces mots d'espérance et de haine,
Chacun dans cette nuit reconnaissait les siens.

Au milieu d'un de ces silences pleins d'alarmes,
Comme il en est pendant qu'on recharge les armes

Et que les combattants, par un commun accord
Suspendant le combat, laissent souffler la Mort,
Un éclair traversa la broussaille voisine;
Le capitaine mit la main sur sa poitrine :
« Au cœur ! » murmura-t-il déjà mort à demi,
Mais avant de tomber, plantant son sabre en terre :
« C'est ici, mes enfants, que je veux qu'on m'enterre.
» Honte à qui laissserait mon corps à l'ennemi! »

Il tomba, vomissant le sang à pleine bouche.

Et, comme si son âme eût passé dans les cœurs,
Tous ces hommes saisis d'un courage farouche,
Se ruèrent hurlant au milieu des vainqueurs.

.   .   .   .

Nous avons eu parfois de ces courtes revanches !
Et lorsque le soleil apparut dans les branches,
Comme un masque de pourpre à travers des barreaux,
Tout s'était apaisé dans la forêt meurtrie,
La tombe se creusait au sol de la Patrie,

Et les martyrs avaient dispersé les bourreaux.

IV

LE TURCO

IV

LE TURCO

A Mme M. P.-C.

———

C'était un enfant, dix-sept ans à peine,
De beaux cheveux blonds et de grands yeux bleus.
De joie et d'amour sa vie était pleine,
Il ne connaissait le mal ni la haine ;
Bien aimé de tous, et partout heureux.
C'était un enfant, dix-sept ans à peine,
De beaux cheveux blonds et de grands yeux bleus.

Et l'enfant avait embrassé sa mère,
Et la mère avait béni son enfant.
L'écolier quittait les héros d'Homère ;
Car on connaissait la défaite amère,
Et que l'ennemi marchait triomphant.
Et l'enfant avait embrassé sa mère,
Et la mère avait béni son enfant.

Elle prit au front son voile de veuve,
Et l'accompagna jusqu'au régiment.
L'enfant rayonnait sous sa veste neuve ;
L'instant de l'adieu fut l'instant d'épreuve :
« Courage, mon fils ! — Courage, maman ! »
Elle prit au front son voile de veuve,
Et l'accompagna jusqu'au régiment.

Mais lorsque l'armée eut gravi la pente :
« Mon Dieu ! disait-elle, ils m'ont pris mon cœur.
» Tant qu'il est parti, mon âme est absente. »
Et l'enfant pensait : « Ma mère est vaillante,
» Et je suis son fils, et je n'ai pas peur. »
Mais lorsque l'armée eut gravi la pente :
« Mon Dieu ! disait-elle, ils m'ont pris mon cœur. »

Le petit Turco se battait en brave ;
Mais quand vint l'hiver, il toussait bien fort.
Et le médecin, voyant son œil cave ;
Lui disait : « Partez, mon enfant, c'est grave! »
L'enfant répondait : « Non, non, pas encor! »
Le petit Turco se battait en brave,
Mais quand vint l'hiver, il toussait bien fort.

« Non, je ne veux pas quitter notre armée
» Tant que les Prussiens sont dans mon pays.
» Je veux jusqu'au bout chasser ces bandits ;
» Je veux pouvoir dire à ma mère aimée :
» Si je te reviens, c'est qu'ils sont partis.
» Non, je ne veux pas quitter notre armée
» Tant que les Prussiens sont dans mon pays. »

Pendant quelques jours, le sort nous fit fête,
Et les Allemands fuyaient devant nous.
Mais ils s'étaient fait un camp de retraite ;
Devant ces fossés leur fuite s'arrête,
Et tous ces renards rentrent dans leurs trous.
Pendant quelques jours, le sort nous fit fête,
Et les Allemands fuyaient devant nous.

Les remparts sont hauts, la plaine est immense.
Tout ce qui s'approche est bientôt détruit.
On fuit, on revient, l'assaut recommence.
Et le régiment des Turcos s'élance,
Et le régiment des Turcos périt...
Les remparts sont hauts, la plaine est immense.
Tout ce qui s'approche est bientôt détruit.

L'enfant est tombé, frappé d'une balle,
Mais un vieux soldat l'a pris sur son dos.
Il ne connaît pas la fuite fatale;
La mort a déjà cerné son front pâle;
Ses yeux sans regards sont à demi clos.
L'enfant est tombé, frappé d'une balle,
Mais un vieux soldat l'a pris sur son dos.

Et le grand Arabe est là qui le garde,
Au bord d'une source, au fond d'un ravin.
Au loin le canon mugit et bombarde;
Levant doucement sa tête hagarde,
Son regard mourant s'anime soudain.
Et le grand Arabe est là qui le garde,
Au bord d'une source, au fond d'un ravin.

« Où sont les Prussiens? Réponds, réponds vite.

» Les avons-nous bien vaincus cette fois?

» Sommes-nous en France, et sont-ils en fuite? »

Et l'enfant, voyant que l'Arabe hésite,

Reprit tristement de sa douce voix :

« Où sont les Prussiens? Ah! réponds-moi vite

» Dis, les avons-nous vaincus cette fois? »

Et le vieux Turco se prit à lui dire :

« Oui, petit Français, tu les as vaincus.

» — Alors? je m'en vais, veux-tu me conduire?

» O ma chère mère!... » Et dans ce sourire

L'enfant s'endormit et ne parla plus.

Et le vieux Turco ne cessait de dire :

« Oui, petit Français, tu les as vaincus. »

V

FRAGMENT

. . . . Richmond . . .
Give me some ink and paper in my tent
I'll draw the form and model of our battle,
Limit each leader to his several charge
And part in just proportion small power

(SHAKESPEARE -- *Richard III*)

V

FRAGMENT

———

. . . .

Il fait nuit; la diane a sonné, tout s'éveille;
Les hommes sont sortis des tentes qu'on abat;
La soupe est sur le feu, le vin dans la bouteille,
Et, chantant et riant à la flamme vermeille,
Ces diables de Français commencent leur sabbat :
C'est le joyeux lever d'un matin de combat.

Pourtant nos ennemis, qu'aucun feu ne dévoile,
Ont entendu, muets, ces cris qu'ils ont comptés;
Ils ont compté la veille, aux blancheurs de la toile,
Combien d'hommes campaient dans ces immensités.
Dans nos feux de bivouac ils comptent chaque étoile;
Et leurs ordres sont pris, et leurs plans arrêtés.

Mais eux, combien sont-ils, les Prussiens? — On l'ignore,
Personne ne le cherche et n'a l'air d'y songer.
On chante dans la nuit, on se bat à l'aurore,
Et sans savoir par où l'assaut va s'engager :
On sait que les Français sont des Français encore,
Et qu'ils se tourneront du côté du danger.

— C'est ainsi que se perd, grande et presque admirable,
Sous cet orgueil léger, la valeur d'un pays;
C'est ainsi que la faute en remonte implacable
Des soldats mal guidés aux chefs mal obéis;
C'est ainsi que des fous, que leur folie accable,
Disent : Dieu n'est pas juste et l'on nous a trahis!

VI

LA MARSEILLAISE

VI

LA MARSEILLAISE

—

Ah! ne la chantons plus, par pitié pour nous-mêmes;
Le jour venu, marchons sans cris et sans blasphèmes,
Comme de fiers vaincus, qui, sûrs de leur effort,
N'ont qu'un but : la revanche, ou qu'un recours : la mort.

D'ailleurs, écoutez bien cette histoire maudite,
Et que, si quelques-uns vous l'ont déjà ~~dite,~~

3

Si déjà vous l'avez entendue et souvent,
Tant mieux : clou martelé n'entre que plus avant.

Vous l'aimez, n'est-ce pas, notre hymne populaire?
Vous aimez ses élans et sa sainte colère;
Vous y cherchez toujours, fils encore orgueilleux,
Le sublime passé de vos puissants aïeux;
Et vous vous rappelez, à cette voix féconde,
Nos trois couleurs flottant aux quatre coins du monde,
Les peuples confondus et les rois affolés;
La grande France enfin ! vous vous la rappelez?
Eh bien, rappelez-vous qu'au jour de la défaite,
Qu'à Sedan — ce nom seul vous fait courber la tête —
Rappelez-vous, Français, qu'en ce jour de malheurs,
Tandis que les vaincus se rendaient aux vainqueurs,
Tandis qu'ils emportaient dans leur âme meurtrie
Le spectre mutilé de la pauvre Patrie,
Qu'ils pleuraient la défaite et quittaient les combats,
Enfin qu'ils s'avançaient, sans armes, nos soldats,
O coup que rien n'efface! ô mal que rien n'apaise :

Le clairon prussien sonnait *la Marseillaise!*

VII

CHASSEURS A PIED

VII

CHASSEURS A PIED

Le soleil du matin a chassé les étoiles;
Les flocons lumineux tombent en voltigeant.
Sur la terre la neige a jeté ses longs voiles,
Et les branches du bois se couronnent d'argent.

Les petits Vitriers — c'est ainsi qu'on les nomme —
Ont mis leur baïonnette au bout de leur fusil;

Ils passent lestement sous les pommiers sans pomme,
Ils vont, et leurs pieds noirs font chanter le grésil.

Les Prussiens sont encore installés dans la ferme,
Il s'agit de la prendre et de les débusquer;
Le bataillon muet s'avance d'un pas ferme;
Mais des canons sont là prêts à se démasquer.

Tout à coup, dans le fond d'un ravin où l'on saute,
Un cri de mort se fait entendre : « C'est de l'eau! »
La glace était récente, et la neige était haute,
Et ce linceul avait recouvert ce tombeau.

Ils sont ensevelis jusques à la ceinture;
Le courant les renverse et la glace les tient.
— Vaincu par les Prussiens, vaincu par la nature,
O mon Pays, quel Dieu terrible que le tien! —

Les Allemands joyeux sortent de leurs tanières,
Nous voilà désarmés, les voilà résolus,
Hourrah! L'heure est propice aux haines meurtrières,
Et leur canon se dresse au revers du talus.

Pourtant leur officier apparaît sur la crête :
« Vous n'avez qu'à vous rendre, on va vous secourir. »
Cet atroce marché soulève une tempête :
« Tu peux te retirer, nous n'avons qu'à mourir ! »

Mais le vieux commandant, d'un ton triste et sévère :
« Et moi, je ne veux pas que vous mouriez ainsi.
» Rendez-vous, mes enfants, vous ne pouvez rien faire. »
Et tous ces moribonds se rendent à merci.

Les Prussiens cependant les hissent sur la rive ;
Déjà les dragons bleus les forment en convoi,
Quand à la fin le tour du commandant arrive :
« J'ai sauvé mes soldats, dit-il, et non pas moi ! »

Et, repoussant alors la corde qu'on lui lance,
Il se laisse engloutir par le gouffre glacé ;
Les pauvres prisonniers saluent le trépassé,
Et, voyant cette fin, ils ont cette espérance :
La France n'est pas morte encor. — « Vive la France ! »

VIII

ÉVASION

VIII

ÉVASION

———

Les Turcos marchent deux à deux,

Ils sont sans fusils, sans cartouches;
Ils marchent, et dans leurs grands yeux
La haine a des éclairs farouches;
Des cris sourds passent sur leurs bouches:
Les Prussiens chantent derrière eux.

Cependant dans la plaine immense,
Près des canons trois fois conquis,
— O jour de deuil ! jour de vaillance ! —
Leurs frères sont morts pour la France :
Eux qui ne sont pas morts sont pris.

On les emmène en Allemagne ;
Ils y seront au point du jour ;
Mais la nuit tombe et l'ombre gagne,
On bivouaque dans la campagne :
Les Prussiens veillent tour à tour.

Leurs sentinelles vont et viennent,
Sous les manteaux le reste dort ;
Et des craintes qui leur surviennent,
Tout bas les Turcos s'entretiennent
Autour d'un grand feu de bois mort.

— « Où les mène-t-on ? Pourquoi faire ?
» Que vont-ils être, ces soldats ?
» La mort, ils ne la craignent guère !
» Mais plus de poudre et plus de guerre...
» Et pourtant on se bat là-bas ! »

ÉVASION.

Ils se regardent sans rien dire :
S'ils sont bien forts, ils sont bien peu ;
Et qu'une sentinelle tire,
C'est le réveil et le martyre...
Mais l'audace est fille de Dieu !

Ce qu'il faut, c'est que l'on s'élance,
Que des Prussiens qui veillent là,
Pas un n'appelle à sa défense ;
C'est qu'on les égorge en silence ;
Et ce qu'il faut, on le fera.

Ils rampent ; l'espoir les anime ;
Un signe est fait, ils sont debout,
Mais, avant de tenter le crime,
Chacun regarde sa victime,
Voit son but et choisit son coup.

Et puis, dans un élan sauvage,
Les Arabes se sont dressés ;
Ils font leur besogne avec rage,
Personne n'échappe au carnage ;
Et quand tout est mort, c'est assez.

C'est assez ; sur toutes les bouches
Les chants sont revenus joyeux :
Les Turcos ne sont plus farouches,
Ils ont des fusils, des cartouches,
Et l'immensité devant eux.

IX

A LA BELGIQUE

IX

A LA BELGIQUE

A Mme LA B^{ne} A. P.

———

Salut, petit coin de terre,
  Si grand de bonté,
Où l'on vous rend si légère
  L'hospitalité;

Où tout ce que l'on vous donne,
  Sourire ou pitié,

N'a jamais l'air d'une aumône,
     Mais d'une amitié;

Où les âmes si sereines
     Ont les yeux si doux,
Que les tourments et les haines
     S'y reposent tous!

Salut, terre fraternelle,
     Où tout m'a tant plu!
Peuple bon, race fidèle,
     Belgique, salut!

Va! la France a la mémoire
     De ces jours de deuil,
Où la défaite sans gloire
     Brisait notre orgueil;

Où, fuyant, vaincus débiles,
     Un puissant vainqueur,
Tu nous as ouvert tes villes,
     Tes bras et ton cœur.

Puis, douce comme une mère,
　　Tu nous as bercés;
Mieux encor, chère infirmière,
　　Tu nous as pansés.

Tu nous as mis sur nos plaies
　　Saignantes encor,
Ce baume, les larmes vraies,
　　La foi, ce trésor!

Si bien que plus d'un t'a prise,
　　A voir tes vertus,
Pour une pauvre sœur grise,
　　N'aimant que Jésus.

Mais je te connais, mignonne
　　Je te connais mieux,
Et sous ton voile de nonne
　　Ton cœur bat joyeux.

J'ai, sur ta lèvre rebelle,
　　Surpris un doux nom,

Et c'est Van Dyck qu'il s'appelle,
    Ne dis pas que non !

J'ai vu dans ta vieille église
    Rubens sur l'autel ;
Metsys a peint ta devise.
    Van Eyck ton missel.

J'ai vu, les jours de dimanche,
    Téniers l'étourdi
Déposer sur ta main blanche
    Son baiser hardi.

J'ai vu tes nouveaux apôtres
    Portaels et Gallait,
J'ai vu ces gloires et d'autres
    Que l'on t'envirait,

Si l'envie était facile
    Avec ta douceur,
Et si la France indocile
    N'était pas ta sœur,

Ah! crois-moi, belle ingénue
        Au chaste maintien,
C'est pour t'avoir bien connue
        Que je t'aime bien.

Sous cette robe de laine
        Que nous vénérons,
Va ! tu n'es rien moins que reine,
        Reine à trois fleurons !

Les arts sont ton diadème,
        Rien ne l'obscurcit ;
Et je t'admire et je t'aime ;
        Salut et merci !

Mais tu vois, terre d'asile,
        Tu vois leurs regards?...
Que ton lion veille, agile,
        Sur tes fiers remparts.

Que dans sa tanière neuve
        Il protége Anvers,

Près·de ces ports où ton fleuve
Berce l'univers.

Que toujours impénétrable,
   Intacte toujours,
Tu restes l'abri durable,
   L'éternel recours !

Que Dieu sèche la main droite
   Qui te frapperait;
Malheur à qui te convoite !
   Mort à qui t'aurait !

Ei salut, petite terre,
   Grande de bonté,
Qui rends si douce et si chère
   L'hospitalité !

X

ENTHOUSIASME

X

ENTHOUSIASME.

———

Le soleil est triste et neigeux :
Invoquant sa clarté jalouse,
Dans un parc, sur une pelouse,
Les Turcos ont placé leurs feux.

Et le bûcher est fantastique,
Et sur leurs manteaux pour tapis,

Psalmodiant leurs chants d'Afrique,
Les Arabes sont accroupis.

Ils sont là, graves, immobiles,
Tendant les mains vers cet éclair ;
Pauvres nègres ! pauvres Kabyles !
La France est froide cet hiver.

La flamme monte et se ravive ;
Leurs yeux brillent, joyeux miroirs ;
Et les torrents de pourpre vive
Vont ruisselant sur les fronts noirs.

Dans son château, de sa fenêtre,
Notre hôtesse les aperçoit.
Laide, à coup sûr, jeune... peut-être,
Notre hôtesse est tout en émoi,

Et se penchant, les yeux humides,
Vers le capitaine qui dort :
« Ah ! monsieur, quels hommes splendides
» Que ces enfants du soleil d'or ! »

Le capitaine se réveille :
« Splendides, madame. — Est-ce pas ?
» Puis ces poses, quelle merveille !
» Ils sont artistes, ces soldats !

» — Artistes en diable, madame.
» — Et ce grand feu, comme il est fait,
» Ils ont le secret de la flamme !
» — En effet, madame, en effet !

» — Tenez, les voilà qui s'élancent.
» Qui raniment leurs feux... et puis...
» Jesu-Maria, mais c'est qu'ils dansent !
» Oh ! ces Turcos sont inouïs !

» Ces beaux chants, cette ronde ardente,
» Tout cela vous trouble à l'excès,
» Et l'on pense à l'Enfer du Dante,
» N'est-ce pas, monsieur ? — J'y pensais.

» — On leur donne ce bois, sans doute ?
» — Pas le moins du monde. — Ah ! vraiment ;

» Ils le ramassent sur la route?

» — Encore moins, madame. — Comment?...

» Mais alors... c'est mon bois qu'on brûle!...

» Mais ils me volent mes fagots!

» Mais ils n'ont ni foi ni scrupule!...

» Ce sont des bandits, vos Turcos! »

XI

UNE LEÇON

UNE LEÇON

———

Le camp des prisonniers est tout au pied du fort,
Les baraques de bois craquent à peine closes;
Et sous le ciel brumeux de ces pays moroses,
La neige tombe drue, et le vent souffle fort,

Puis, par crainte du feu, l'on ne nous chauffe guère,
La lumière, le soir, est défendue aussi;

Ils n'imaginaient pas, se rendant à merci,
Quelle merci c'était, les prisonniers de guerre!

Le matin, l'on partage un pain rare et sans blé,
On partage, le soir, une soupe noirâtre,
Et, las de remuer la pioche et le plâtre,
Sur une paille humide on repose accablé.

Et ce n'est pas, hélas! seulement leurs baraques,
Leurs tentes ou leurs toits, qu'ils construisent le jour:
Le travail de la honte est encor le plus lourd :
Les Français fortifient la Prusse en cas d'attaque.

Ah! combien ont voulu refuser ce travail!
Combien refaisaient mal une tâche mal faite!
Mais l'aiguillon prussien était la baïonnette,
Comme ces malheureux n'étaient que leur bétail.

Un jour qu'on revenait de la triste besogne,
Escortés de geôliers, cruellement choisis,
Baïonnette au canon et cartouche aux fusils,
Un vigoureux enfant de la vieille Bourgogne

Aperçut un Prussien frappant un moribond :
« Marche, lui criait-il, marche, ou je t'exécute! »
Le soldat arracha cet homme à cette brute,
Se retourna terrible, et l'étendit d'un bond.

« Ah! messieurs les Français, nous faisons les rebelles?
» Ils sont bien étourdis ces jeunes étrangers,
» Un peu de plomb rendra leurs cerveaux moins légers.»
Et l'on fit sur les rangs deux décharges mortelles.

« C'est assez! ramenez le reste au campement;
» La leçon leur suffit... » disait le capitaine.
Oui, certe, elle suffit cette leçon de haine ·
Nous la savons par cœur, nous la dirons souvent.

XII

BAZEILLE

XII

BAZEILLE

Le blâme qui voudra, moi je l'aime ce prêtre !
Est-ce sa faute à lui s'il perdit la raison,
Si des frissons de haine ont traversé son être,
Lorsque les Bavarois, les poings pleins de salpêtre,
Brûlaient homme par homme et maison par maison ?

Ils avançaient ainsi, dévastant le village,
Ne laissant derrière eux que ruine et que mort.
Et qu'importait le sexe, et que leur faisait l'âge!
N'avait-on pas tenté d'arrêter leur passage?
Féroces par calcul, ils tuaient sans remord.

La place de l'Église était encore à prendre,
Mais nos soldats luttaient d'un cœur mal assuré,
Et quelques-uns déjà murmuraient de se rendre,
Lorsque sur le parvis un cri se fait entendre :
« Aux armes! mes enfants! » C'était le vieux curé.

Et, passant sa soutane aux plis de sa ceinture,
Faisant aux paysans signe de l'imiter,
Il ramasse un fusil que la mort lui procure :
Chacun s'arme, chacun s'excite et se rassure,
Et la poudre aussitôt recommence à chanter.

Pif! paf! Les Bavarois s'avançaient en colonne;
Derrière un petit mur on se mit à couvert;
« Feu! commandait le prêtre, et que Dieu me pardonne! »
Les habits bleus tombaient comme les bois d'automne,
Mais leur flot grossissait toujours, comme la mer.

La lutte se finit, hélas ! comme on peut croire,
Mais les fiers Allemands ont regardé, surpris,
Ces paysans couchés sous la muraille noire ;
Ce fut court, mais ce fut assez long pour la gloire!
Le curé de Bazeille est mort pour son pays !

XIII

ILS SONT LA...,

XIII

ILS SONT LA....

A MON AMI G. B.

———

Ils sont là dans le bois sombre,
Toujours forts, toujours en nombre,
Et bien abrités toujours ;
N'ayant clairons ni tambours,
Couverts de silence et d'ombre,
Ils sont là dans le bois sombre.

Ils sont là dans le ravin,
Ne tirant jamais en vain,
Jamais ne levant la tête ;
Et si l'ennemi s'entête,
Cinq contre un, cent contre vingt,
Ils sont là dans le ravin.

Ils sont là dans le village,
Se ruant avec courage
Sur le pauvre paysan.
Ce sont des pleurs et du sang ;
On brûle, on tue, on saccage,
Ils sont là dans le village.

Ils sont là devant Paris ;
Nous trouvant trop peu meurtris
Par la faim et la mitraille,
Leur or paye la canaille,
Nos palais sont des débris.
Ils sont là devant Paris.

Ils sont là dans notre France,
Étouffant notre espérance

Et nous tenant sous leur loi.
O mon pays! souviens-toi.
Souviens-toi de ta souffrance:
Ils sont là dans notre France!

XIV

AU DOCTEUR DOLBEAU

XIV

AU DOCTEUR DOLBEAU

———

Je ne suis pas do ceux qui, le poing sur la hanche,
Aux efforts du pays ne joindront que leur voix,
Mais si je suis debout et parlant de revanche,
Je n'ai pas oublié, maître, à qui je le dois.

Je n'ai pas oublié la main consolatrice,
La science plus grande encor que la pitié :

Mon être endolori porte sa cicatrice
Moins profonde en ses chairs qu'en mon cœur l'amitié.

Comment je la paierai la dette qui m'engage,
Dieu le sait! Comme il sait aussi si je le veux :
Ma vie est votre fait, ma force est votre ouvrage,
Et votre souvenir se mêle à tous mes vœux.

Car j'attends, car je garde en mon âme française
Ma foi de citoyen, mes haines de soldat,
Ma jeunesse a souffert d'un mal que rien n'apaise,
Le partage du sol, la défaite au combat.

Ah! cette lutte-là vaut bien que l'on s'efforce,
Eux ou nous, France ou Prusse, il n'y va pas de moins!
C'est le duel à mort du Droit contre la Force
Dont les peuples jaloux ne sont que les témoins.

Et la chanson dit vrai, tant pis pour qui la raille!
— Mourir pour la patrie est le sort le plus beau! —
Et si je dois tomber en un jour de bataille,
C'est au sol prussien que je veux mon tombeau.

La revanche est la loi des vaincus; nous le sommes.
Je la demande à Dieu terrible et sans recours,
Prochaine et sans merci, je la demande aux hommes.
Les chemins les plus sûrs sont parfois les plus courts.

XV

A LA BAÏONNETTE

XV

A LA BAÏONNETTE

———

Leur batterie était installée à mi-côte,
Au milieu d'un grand champ, près d'un bouquet de bois
« Enfants, ces canons-là nous gênent, qu'on les ôte ! »
Dit le chef. — Et déjà, sautant dans l'herbe haute,
    Zouaves partaient comme de gais chamois.

« Défense de tirer, vous savez, camarade,
» C'est à la baïonnette, et ça se mange à part ! »

Une salve d'obus acheva la tirade.
« Ventre à terre, faisons honneur à l'ambassade ! »
La mort choisit les siens, et la troupe repart.

En vain, visant cent fois à la calotte rouge,
Le canon prussien tire à coups redoublés ;
Il crache en vain l'enfer contre ces endiablés ;
Pas un coup de fusil ne part du champ qui bouge,
Et ces coquelicots s'avancent dans les blés.

O combats sans seconds ! O luttes sans pareilles !
Vaincus dont la défaite a meurtri le vainqueur !
Tout à coup le clairon résonne à leurs oreilles,
Ils bondissent légers comme un essaim d'abeilles ;
Et leur vol est terrible et leur dard frappe au cœur.

Et les voilà jouant de la crosse et du sabre,
Assommant, égorgeant, tuant.. mourant aussi !
Arrachant du timon le cheval qui se cabre,
Et, vivaces danseurs de la danse macabre,
Jetant à pleins poumons leurs éternels lazzi.

Enfin la place est nette et les pièces sont prises.
Un silence profond suivit ce branle-bas ;

Mais, lorsqu'on fit alors l'appel des barbes grises,
O compte affreux, rempli de terribles surprises!
Ils étaient neuf, avec dix canons sur les bras.

« Ma foi, dit un sergent, la chose est assez drôle!
» Nous en rirons plus tard, quand nous aurons le temps. »
Puis passant prestement les fusils sur l'épaule,
Ramenant les chevaux avec des coups de gaule,
On les rattelle et puis : « En route, les enfants! »

Ils partirent. La nuit couvrait déjà la plaine.
Quelques sourds roulements grondaient encore au loin.
Et prouvant à leurs yeux la victoire certaine,
Tout au pied du coteau, dans la gorge prochaine,
Le feu brillait déjà comme un joyeux témoin.

« Ce sont les compagnons qui nous taillent la soupe.
» Du diable si j'en vais donner ma part aux chiens! »
Il galope riant jusques au premier groupe :
« Hé! les amis! voyez ce qu'on amène en croupe!
» —Wer'st dà! » dit une voix. C'étaient les Prussiens.

XVI

LA COCARDE

XVI

LA COCARDE

—

Ma cocarde a les trois couleurs,
Les trois couleurs de ma Patrie.
Le sang l'a bien un peu rougie,
La poudre bien un peu noircie;
Mais elle est encor bien jolie,
Ma cocarde des jours meilleurs.

Que j'ai fait de route avec elle,
Toujours content et jamais las!

Que j'ai combattu de combats !
Ils la connaissaient, mes soldats !
Ah ! bien des cocardes n'ont pas
Ruban si beau, couleur si belle !

Et maintenant d'où je la tiens?
C'est presqu'un roman, son histoire !
Dieu me garde d'en faire gloire,
Mais elle était, on peut m'en croire,
Elle était sous sa tresse noire :
Je l'ai vue et je m'en souviens.

C'était après trois jours de marches !
Nous arrivions transis de froid,
Cherchant l'auberge de l'endroit ;
Mais elle alors nous aperçoit :
« Oh ! les Français de peu de foi ! »
Elle était debout sur les marches.

Nous approchons tout éblouis.
La maison est blanche et coquette,
Le feu brille, la table est prête :
« Jour d'espérance est jour de fête !

» Entrez, dit-elle, » et sur sa tête
Brillaient les couleurs du Pays.

« Les Français sont chez eux en France;
» Toute la ville vous attend.
» Vous faisiez mal en en doutant. »
Elle riait, tout en parlant,
Elle riait, et cependant
Mes larmes montent quand j'y pense.

Et j'y pense, et je la revois!
Elle était là près de sa mère;
Tout à coup, sur notre prière,
Elle chanta nos chants de guerre,
Et c'était la Gloire en colère
Qui nous grondait par cette voix.

Oh! la bonne et belle Française!
Le grand cœur et les jolis yeux !
Vous demandez, cher curieux,
Si je l'ai prise, audacieux,
La cocarde de ses cheveux?
Moi la prendre, qu'à Dieu ne plaise!

Mais tout pensif, je regardais,
Je contemplais, parlant à peine,
Ce front d'enfant, cet air de reine,
Ces trois couleurs dans cet ébène,
Et je me disais, l'âme en peine :
« Tout cela reste et je m'en vais! »

Le clairon sonne : adieu cocarde!
Adieu chansons... et cependant
« Ah! si je l'avais, ce ruban... »
Et je m'arrêtai tout tremblant.
Mais elle alors si simplement :
« Tenez, dit-elle, et Dieu vous garde! »

Ma cocarde a les trois couleurs,
Les trois couleurs de ma Patrie.
Le sang l'a bien un peu rougie,
La poudre bien un peu noircie;
Mais elle est encor bien jolie,
Ma cocarde des jours meilleurs

XVII

DE PROFUNDIS

XVII

DE PROFUNDIS

———

Tu l'as bien connu? C'était un grand diable,
Leste comme un cerf et fort comme un bœuf;
Le causeur d'ailleurs le plus agréable...
Il brisait un sou, comme on casse un œuf.

Il vous soulevait un poids fantastique,
Et puis, tout ainsi que s'il n'eût rien eu,

Il allait, venait, comme un vrai moustique..
C'était un gaillard! Tu l'as bien connu

Ce n'était pas lui qui voulait la guerre,
Et je puis jurer qu'il a voté non ;
Mais, quand il a vu qu'il fallait la faire,
Il a dit : « Eh bien, qu'ils la fassent donc! »

Que si quelqu'un eut la sottise extrême
D'aller au combat avant d'être instruit,
De prendre un fusil sans voir son système,
Tu l'as bien connu? ce n'était pas lui.

Les Français de France ont la tête prompte;
Mais lui de Marseille est homme de poids,
Il sait qu'on ne meurt jamais qu'une fois,
Et que cette fois vaut bien qu'on la compte.

« D'ailleurs, disait-il, de plus ou de moins
» Qu'est-ce qu'un soldat, dans l'armée immense,
» Dans tous les duels il faut des témoins,
» Nous serons témoins des Français de France.

» Nous ne demandons qu'à les applaudir,
» Nous sommes encor meilleurs que sévères,
» Un peu de victoire est bon aux affaires,
» Et puis triompher fait toujours plaisir.

» Maintenant s'ils n'ont ni force ni chance,
» Si ces gens du Nord se font battre exprès :
» Eh bien ! mais alors reste la Provence !
» Qu'on y vienne un peu, nous serons tout prêts ! »

Effectivement, tout prêt à combattre,
Faisant l'exercice, ayant deux fusils,
Parlant comme trois, criant comme quatre ;
C'était un troupier des plus réussis.

Et quand il apprit qu'aux champs de l'Alsace,
Le dieu des combats nous abandonnait,
S'il n'eût écouté que sa folle audace,
Il allait partir, mais il se tenait.

« Plus tard, disait-il ; je crois que la France
» Sera trop heureuse en me retrouvant ;

» Montrons-nous de loin, comme l'Espérance,
» Et, pour rester fort, gardons-nous vivant. »

Et voilà qu'un soir, au sortir de table,
Cet excellent bon avait bien dîné;
Un farceur, pour qui rien n'est respectable,
S'avance tout brusque et lui dit au né :

Qu'on voit au lointain un bateau qui bouge;
Qu'on le croit prussien, qu'il vient vers le port.
Le pauvre garçon est pris d'un transport :
De blanc qu'il était, il en devient rouge,
De rouge violet, et de violet... mort!

XVIII

L'ÉBAUCHE

XVIII

L'ÉBAUCHE

A JEAN PORTAELS.

———

C'était avant la guerre, et je t'aimais déjà,
Non de ce sentiment que rien ne présagea,
Qui te mit dans ma vie et qui te rend mon frère,
Mais je t'aimais, j'aimais ta naïveté fière,
Tes leçons de croyance à mon doute moqueur;
Enfin, ami, j'aimais ton génie et ton cœur.

Ce que ton cœur a fait, nul ne peut le redire,
C'est trop beau pour se croire et trop vrai pour s'écrire
Mais, vois-tu, si mon doute est si bien corrigé,
Ce n'est pas la douleur seule qui m'a changé.

Ce dont je parle ici date d'avant la guerre ;
Personne n'y songeait, et nous n'en parlions guère,
Quand, un jour, descendant causer à l'atelier,
Je te trouvai si bien en train de travailler
Que je m'assis et pris un livre sans rien dire ;
Tu peignais avec rage et presque avec délire.
Enfin, te retournant, les yeux comme ravis :
« Tiens ! viens voir, » me dis-tu. — Voilà ce que je vis.

Une plaine sans fin et morne, au sol funèbre,
Dans le ciel un chaos de jour et de ténèbre,
Sous des nuages noirs un soleil empourpré,
Puis, au fond, le combat affreux, désespéré.
Ce sont les Francs joyeux qui luttent sans armure :
On voit à l'horizon, comme une moisson mûre,
Flotter leurs cheveux d'or sur leur front découvert;
Mais sur ce flot d'épis passe un torrent de fer,
C'est le vieux moissonneur Attila qui les fauche.

Ah ! maître ! qu'elle était terrible cette ébauche !
Et je souffrais. Pourtant ce que je voyais là,
C'étaient les Francs de Gaule et les Huns d'Attila !
Je voyais bien, luttant sous ta main créatrice,
Cette horde en furie et ce peuple au supplice ;
Je voyais les efforts de ces fiers insensés
Qui, sûrs de bien mourir, pensent que c'est assez ;
Je voyais les forfaits dont le vainqueur se souille,
Les blessés qu'il achève et les morts qu'il dépouille ;
Je voyais tout ce sang versé pour tout ce vol,
La peste dans les airs et la faim sur le sol,
La vengeance et le mal, la haine et la ruine,
Tout ce que l'on comprend, tout ce que l'on devine.
Je l'ai vu, j'ai vu même, admirant ton effort,
Ton attaque à la guerre et ta guerre à la mort ;

Mais je ne voyais pas, non, que le ciel m'écrase !
Je n'ai pas vu, malgré l'éclair de ton extase,
Que ce que tu peignais c'était, — rêve inouï ! —
Nous, les Français d'hier, eux, les Huns d'aujourd'hui.

XIX

CHANSON

XIX

CHANSON

—

C'est depuis l'aube qu'on marche ;
Les hommes n'en peuvent plus ;
Qu'elle est humble, leur démarche:
Qu'ils sont tristes, les vaincus !
La retraite est consommée,
C'en est fini des combats.
Pauvre France ! pauvre armée !
Dieu n'aime pas tes soldats!

Au premier bourg où l'on passe :
« Qu'ils sont pâles ! » a-t-on dit ;
Et d'un accent qui les glace :
« C'est qu'ils ont eu peur, pardi ! »
Alors un pauvre Mobile
Triste et fier se retourna,
Et forçant sa voix débile :
« Il n'a pas peur, le soldat !

» — Peur ou non, dit un brave homme,
» Entrez et buvez un coup,
» Vous êtes Français, en somme...
» — Non, je suis Français surtout,
» Et c'est pourquoi je réclame...
» Dieu bon ! En sommes-nous là
» Si le paysan le blâme,
» Qui donc plaindra le soldat ?

» Il a lutté, je vous jure,
» Et si vous doutez encor,
» Tenez ! Est-ce une blessure ?
» Et quand j'en parle ai-je tort ?
» Et plus d'un sans en rien dire

» Est frappé qu'on ne voit pas...
» Ah! ce n'est pas bien de rire
» Au passage des soldats!

» Nous fuyons; la chose est triste.
» Mais comment faire à la fin?
» Voilà trois jours qu'on résiste,
» En voilà huit qu'on a faim.
» Avoir froid, on s'habitue,
» On se réchauffe, on se bat;
» Mais ne pas manger, ça tue.
» C'est un homme, le soldat?

» Impuissants à nous défendre,
» Dans les bois qu'ils dévastaient
» Nous pouvions encor nous rendre,
» Et les Prussiens y comptaient.
» Et nous n'avions qu'à les suivre,
» Et le pain cuisait là-bas,
» Mais sans souliers et sans vivre
» Ils ont marché, les soldats.

» Le canon nous fit escorte
» Sans rompre nos rangs meurtris;

8

» Il vente, il neige, qu'importe!

» La liberté vaut ce prix.

» Et dans ce coin de la France

» Où nous arrivons si las,

» On jette à notre souffrance :

» — Ils ont eu peur, ces soldats! »

» — Ils ont eu faim, c'est moins drôle!

» Pas vous, n'est-ce pas? Tant mieux! »

Et, le fusil sur l'épaule,

Il s'éloigna sans adieux.

Mais déjà dans le village

Les vaincus marchaient au pas,

Entendant sur leur passage :

« Que Dieu garde nos soldats! »

XX

SUR CORNEILLE

XX

SUR CORNEILLE[1]

———

O France, écoute bien celui-là, c'est Corneille !
Un autre est orateur, poëte, historien ;
Il te forme l'esprit ou te charme l'oreille,
Celui-là, c'est Corneille ! ô France, écoute bien !

1. Stances dites au Théâtre-Français, par M. Coquelin, le
6 juin 1872.

Et si tu veux reprendre et retrouver ta force,
Si tu veux te guérir du coup qui t'ébranla,
Aspire cette séve au cœur de ton écorce ;
Sinon, vieil arbre mort, les bûcherons sont là :

Plus d'un l'a beaucoup dit que l'on n'écoutait guère :
Avant d'être abattu, ce peuple est abaissé ;
Il méconnaît la gloire ; il désapprend la guerre...
Hélas ! nous étions un contre trois ! — Je le sai,

Mais nous ne croyions plus au cri du vieil Horace,
Mais s'il fut des vaillants qui l'ont osé jeter,
Un groupe de héros n'en refait pas la race,
Et c'est un pauvre peuple où l'on doit les compter !

Le même sang pourtant coule bien dans nos veines.
L'air que nous respirons traverse bien nos bois,
Les vins de nos coteaux et les blés de nos plaines
Mûrissent bien encore au soleil d'autrefois.

Oui, cette terre ardente, et diverse, et fertile,
Bonne à tous les produits, prête à tous les essais,
Ce sol puissant, ces eaux vives, ce ciel mobile,
Tout cela, c'est la France ! Où donc sont les Français ?

Où donc ce peuple fier de son sang et prodigue,
Que le danger commun trouvait prompt à s'unir;
Ce peuple, qui jetait le défi de Rodrigue,
Et qui, l'ayant jeté, savait le soutenir?

Le devoir et l'honneur, l'héroïsme et la gloire,
Ce faisceau de grandeur aux immortels liens,
Ces mots qui sont la langue et qui furent l'Histoire,
Ces grands mots qu'un Corneille a faits cornéliens,

Quel fou les a raillés de sa lèvre flétrie?
D'où nous vient sur nos dieux ce doute désolé?
Quel être sans famille a nié la Patrie?
Qui donc a dit : « Tu mens! » quand Corneille a parlé.

Ah! faiseurs de pamphlets et chercheurs de doctrines,
C'est vous, les impuissants, qui nous avez détruits!
C'est votre esprit qui vient crier sur nos ruines
Ne sois d'aucun Devoir, tu n'es d'aucun Pays!

Ah! la fraternité des peuples vous enchante?
Eh bien! l'heure est propice à vos enivrements,
Votre chanson est belle et vaut bien qu'on la chante.
Regardez-les passer, vos frères allemands!

Oui, vous avez raison ; c'est hideux le carnage ;
Oui, le Progrès blessé recule et se débat ;
Notre siècle en fureur retourne au moyen âge,
Mais sachons donc nous battre au moins puisqu'on se bat.

Oui, le sort nous a pris de bien chères victimes,
Et Regnault expirant est là comme un remord :
La guerre a de ces coups, la gloire a de ces crimes,
Mais l'égoïsme humain est plus laid que la mort... —

Il est sous le soleil des heures de vertige
Où la vertu d'un peuple hésite et s'interrompt,
Où, couvrant de grands mots l'instinct qui la dirige,
La peur même, la peur n'a plus de rouge au front.

C'est là, c'est au travers de ces époques noires
Qu'un ennemi rampant s'est glissé jusqu'à nous ;
Ses monstrueux anneaux ont étouffé nos gloires,
Et la France enlacée est encore à genoux.

Pauvre France ! que Dieu te protége... et te change !
Ton espoir était fou, que ton deuil soit sensé.
Tu parles déjà haut de l'avenir qui venge,
L'avenir qui répare est-il donc commencé ?

On t'excite, on te plaint, on crie, on te harangue.
Ah! mon pauvre pays, souviens-toi de Babel!
N'écoute qu'une voix, ne parle qu'une langue,
Quand tu n'as qu'un devoir et que tu sais lequel.

Et quoi que l'on te prouve, et quoi que l'on t'allègue,
Quel discours peut valoir ces trois mots triomphants :
« Meurs ou tue! » Un soufflet t'a renversé, don Diègue?
Ne pleure pas ta honte, appelle tes enfants!

Et toi, Corneille, toi, Père du grand courage,
Redis-nous ces leçons dont tu formais des cœurs,
Le calme dans l'effort, la haine après l'outrage,
Redis-nous la Patrie, et refais-nous vainqueurs!

XXI

VÆ VICTORIBUS!

XXI

·VÆ VICTORIBUS!

———

La Prusse et les Prussiens ont vaincu l'Allemagne.
Les ruses sont leurs jeux, les pillages leurs biens ;
Ils ont vaincu la France et tiennent sa campagne,
    La Prusse et les Prussiens !

Aussi, comme ils sont fiers sur le seuil de la porte !
Comme ils font sur nos maux de joyeux entretiens !

Quels souvenirs elle a, quels espoirs elle porte,
    La Prusse des Prussiens !

Comme elle dit : « Laissez passer les rois des hommes,
» Peuples, reconnaissez nos droits patriciens;
» L'univers est à nous, puisque c'est nous qui sommes
        » La Prusse et les Prussiens! »

Eh bien, moi je le hais, ce peuple de Vandales,
De reîtres, de bourreaux.—tous ces noms sont les siens;—
Je le hais, je maudis dans leurs races fatales
        La Prusse et les Prussiens !

Que leur roi, consacré tyran par la victoire,
Refoulant le progrès jusques aux temps anciens,
Bâillonne dans leur joie, étouffe sous leur gloire
        La Prusse et les Prussiens!

Que la plèbe aux abois s'y déchaîne par meutes;
Que de ces bords du Rhin dont ils sont les gardiens,
Nous puissions voir crouler, sous le feu des émeutes,
        La Prusse et les Prussiens!

Que leurs maux soient sans plainte et leurs morts sans prière,
Qu'ils soient chassés du Temple en vrais Pharisiens!
Qu'aucune foi ne guide, et qu'aucun Dieu n'éclaire
  La Prusse et les Prussiens!

Que le luxe, volé dans nos villes attiques,
Change, sans les former, leurs goûts béotiens;
Qu'elle vive fiévreuse, et qu'ils meurent étiques,
  La Prusse et les Prussiens!

Enfin, c'est là surtout le vœu de ma jeunesse,
C'est seul pour quoi je vis, c'est à quoi seul je tiens,
Que la Patrie en deuil se reprenne et ne laisse
  Que la Prusse aux Prussiens!

Que tout s'arme contre eux, contre eux que tout conspire
Que, quels que soient le chef, la route et les moyens,
La France et les Français n'aient qu'un seul but : détruire
  La Prusse et les Prussiens!

FIN.

TABLE

		Pages
I.	VIVE LA FRANCE!	3
II.	LE CLAIRON	9
III.	L'ARRIÈRE-GARDE	15
IV.	LE TURCO	21
V.	FRAGMENT	29
VI.	LA MARSEILLAISE	33
VII.	CHASSEURS A PIED	37
VIII.	ÉVASION	43
IX.	A LA BELGIQUE	49
X.	ENTHOUSIASME	57
XI.	UNE LEÇON	63
XII.	BAZEILLE	69
XIII.	ILS SONT LA...	75
XIV.	AU DOCTEUR DOLBEAU	81
XV.	A LA BAÏONNETTE	87
XVI.	LA COCARDE	93
XVII.	DE PROFUNDIS	99
XVIII.	L'ÉBAUCHE	105
XIX.	CHANSON	111
XX.	SUR CORNEILLE	117
XXI.	VÆ VICTORIBUS!	125

Imprimerie D. BARDIN et Cⁱᵉ, à Saint-Germain

CALMANN LÉVY, ÉDITEUR

DU MÊME AUTEUR

Petit format in-32.

POÉSIE

MARCHES ET SONNERIES....... 33ᵉ edition...... 1 fr.
NOUVEAUX CHANTS DU SOLDAT, 96ᵉ edition..... 1 »

THÉATRE

L'HETMAN, drame en 5 actes, en vers, 23ᵉ edition. 2 fr.
LA MOABITE, drame en 5 actes, en vers, 23ᵉ edition. 2 »

En réimpression

JUAN STRENNER, drame en un acte, en vers, suivi
de POÉSIES DIVERSES, 1867-1870.............. 3 fr.

Paris. — Imprimerie Ph. Bosc, 3, rue Auber